Anja Ritterhoff

Wir feiern Fasching!

Begrüßungsschild

(Abbildung auf Seite 1)

Auf das Gesicht kleben Sie die rote Kappe und bringen dahinter die beiden zweifarbigen Mützenzipfel an. Kleben Sie hinter das Gesicht den zweifarbigen Kragen. Jetzt kleben Sie den Narr auf die blaue Wolke und verzieren das Motiv mit ausgestanzten und ausgeschnittenen Punkten. Nähen Sie jeweils eine Schelle an die Mützenenden und bemalen Sie dann das Gesicht. Hinten am Schild befestigen Sie Luftballons, die Sie an Satinbänder geknotet haben, sowie witzige Luftschlangen.

TIPP

Beschriften Sie das Schild z. B. mit „Willkommen" oder „Hallo, Leute!".

Motivgröße

35 cm x 28,5 cm (ohne Deko)

Material

- ✂ Tonkarton in A3: hellblau
- ✂ Tonkarton in A4: rot, grün
- ✂ Tonkarton in A5: beige
- ✂ Tonkartonreste: gelb, blau, orange, weiß
- ✂ Satinband, 0,5 cm breit, 10 cm lang rot, grün, gelb
- ✂ Filzstift: schwarz, rot, hellblau
- ✂ Nadel und Faden
- ✂ Bürolocher
- ✂ 4 Luftschlangen
- ✂ 3 Luftballons
- ✂ 2 Schellen, ø 1 cm

Vorlagenbogen 1A

Weitere Informationen zur Autorin finden Sie unter www.ritterhoff.de

Fotos: frechverlag GmbH + Co. Druck KG, 70499 Stuttgart;
Fotostudio Ullrich & Co., Renningen

Dieses Buch enthält:
3 Vorlagenbogen

Auflage: 5. 4. 3. 2. 1. | Letzte Zahlen
Jahr: 2005 2004 2003 2002 2001 | maßgebend

© 2001

frechverlag GmbH + Co. Druck KG, 70499 Stuttgar

ISBN 3-7724-2869-X · Best.-Nr. 2869

Druck: frechverlag GmbH + Co. Druck KG, 70499 Stuttgar

Helau, Alaaf und Willkommen im Karneval !!!

Hereinspaziert in die lustige, bunte Welt, in der wir feiern, uns verkleiden, witzig schminken und fröhlich sind.

In diesem Buch erwarten Sie tolle Ideen für Dekorationen, Verkleidungen und Partys, die Sie einfach und schnell umsetzen können. So finden Sie für eine lustige Faschingsfete eine Einladungskarte, Tischdekorationen, eine Girlande, kleine Geschenke und Bonbon-Tiere. Weitere Karnevalsideen sind schnell gearbeitete Kinderkostüme, Fensterbilder, Orden für die schönste Verkleidung, witziger Kopfschmuck und ein kleiner Bilderrahmen als Andenken.

Genießen Sie die lustigen Tage!

Helau! Ihre

Die wichtigsten Materialien und Hilfsmittel

- ❦ Tonkarton
- ❦ Krepppapier
- ❦ Moosgummi
- ❦ Transparent-papier
- ❦ Dünne Pappe
- ❦ Schere
- ❦ Klebstoff
- ❦ Nadel und Faden
- ❦ Servietten
- ❦ Serviettenkleber
- ❦ Wackelaugen
- ❦ Filzstifte
- ❦ Bleistift
- ❦ Kugelschreiber

Die genauen Materialangaben finden Sie bei den jeweiligen Motiven. Die Materialangaben gelten für einseitig gearbeitete Motive. Berechnen Sie die doppelte Menge, wenn Sie das Motiv beidseitig arbeiten möchten.

So wird's gemacht

Umgang mit Schablonen

- ❦ Legen Sie Transparentpapier auf den Vorlagenbogen und übertragen Sie darauf alle Motivteile ohne Überschneidungen.
- ❦ Kleben Sie das Transparentpapier auf dünne Pappe und schneiden Sie alle Teile aus. Dies sind Ihre Schablonen.
- ❦ Legen Sie die Schablonen auf das gewünschte Material und umfahren Sie sie mit einem Bleistift, bei Moosgummi mit Kugelschreiber.
- ❦ Jetzt fügen Sie das Motiv zusammen und bemalen es.

Das Aufmalen der Augen

1. Die Augen werden mit einer ovalen Schablone auf weißen Tonkarton gezeichnet.

2. In das Auge werden nun mit einem schwarzen Stift ein kleines und ein großes Oval gemalt.

3. Füllen Sie die Innenfläche des mittleren Ovals mit Schwarz und lassen Sie dabei den Lichtpunkt weiß.

4. Mit einem farbigen Filzstift oder Buntstift malen Sie nun um die Pupille einen Kreis. Jetzt können Sie das Auge ausschneiden und aufkleben.

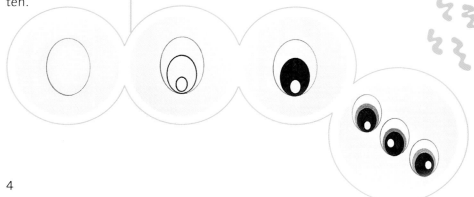

Serviettentechnik

- Schneiden bzw. reißen Sie die Motive aus der Serviette aus und trennen Sie die Schichten voneinander. Sie benötigen nur die oberste, bedruckte Lage.
- Bestreichen Sie den zu dekorierenden Gegenstand mit Serviettenkleber und legen Sie darauf vorsichtig das Serviettenmotiv.
- Streichen Sie es mit dem Pinsel oder Ihren Fingern glatt. Dann muss alles trocknen.

Schnelle Tipps für eine Faschingsfeier

Kinder schminken

Schnell und einfach geht's mit Wasserfarbe.

Einfache Ideen für Spiele

Reise nach Jerusalem, Topfschlagen, Stepp Tanzen, Pantomime, Schokoladenwettessen, Kostümwettbewerb

Witzige Karnevalsbowle

1 Liter Mineralwasser, 2 Tüten Brause in Grün und eine Tüte Gummibärchen in eine Karaffe geben.

Schnelle Knabbereien

Aus der Tiefkühltruhe, z. B. Windbeutel, Mini-Berliner, Amerikaner etc.

Einladungskarte

Falten Sie die gelbe Karte in der
Mitte und schneiden Sie sie ge-
mäß der Vorlage zu. Kleben Sie
das weiße Blatt, dessen Ecken
Sie mit einer Schere abgerundet
haben, auf die Vorderseite.
Tupfen Sie mit einem Pinsel
ein wenig Fingerfarbe auf Ihren
Zeigefinger und drucken Sie die
Köpfe auf das Papier. Lassen Sie
die Farbe trocknen. Dann können
Sie die Clowns bemalen.

Material
- Tonkarton in A4: gelb
- Tonkarton in A5: weiß
- Tonkartonreste: rot, grün,
  blau, orange, lila, dunkelgr
- Filzstifte: rot, gelb, grün, bl
  schwarz
- Fingerfarbe: haut
- Bürolocher
- Pinsel

Vorlagenbogen 1A

TIPPS
Schreiben Sie den Einladungstext einmal und
kopieren Sie ihn je nach Anzahl der Gäste. Kinder können
mit einem Stempelkissen auch einen großen Clownskopf
aufdrucken und gestalten.

Lustige Tischdekoration
(Abbildung auf Seite 8/9)

Material für alle Motive
- Tonkarton in A3: weiß
- Servietten mit Clowns
- Serviettenkleber
- Kordel in Gelb (Länge nach
  Belieben)
- Nadel und Faden in Weiß
- Gläser, Pappteller
- Strohhalme

Gläser
Reißen Sie das Clownsgesicht aus und
bringen Sie es auf den Gläsern an.

Pappteller

Bestreichen Sie den kompletten Teller mit Serviettenkleber und kleben Sie eine komplette Serviette darauf. Nach dem Trocknen schneiden Sie den überstehenden Rand ab.

Girlande

Kleben Sie die Serviette auf weißen Tonkarton. Nach dem Trocknen schneiden Sie die Clowns in Kreisform aus. Fädeln Sie die Clownsgesichter untereinander auf den Faden und knoten Sie sie an die gelbe Kordel. Nun können Sie die Girlande aufhängen.

Strohhalmstecker

Kleben Sie die Serviette auf weißen Tonkarton. Nach dem Trocknen schneiden Sie die Gesichter aus. Aus einem 1 cm x 2 cm großen Streifen Tonkarton stellen Sie eine Halterung her. Kleben Sie den Strohhalm hinter das Gesicht. Darüber wird der Tonkarton geklebt. So ist der Strohhalm fixiert.

9

Die Bonbonmaus
(Beschreibung auf Seite 12)

Süßigkeiten für alle!

(Abbildung auf Seite 10)

Fertigen Sie die Schale an. Hierfür kleben Sie den eingeschnittenen Rand an den Boden. Dann kann das Nilpferd zusammengefügt werden. Gestalten Sie das Gesicht und übertragen Sie die Bemalung. Setzen Sie das Nilpferd hinter die Schale, kleben Sie die Hände an den hinteren und die Füße an den vorderen Schalenrand. Jetzt kann die Schale mit Bonbons gefüllt werden.

Motivgröße
14 cm x 24 cm

Material
- Tonkarton in A3: gelb
- Tonkarton in A4: hellblau
- Tonkarton in A5: weiß
- Tonkartonreste: orange, schwarz, hellgrün
- Filzstift: schwarz, hellblau
- Buntstift: grau

Vorlagenbogen 1B

Motivgröße
20 cm x 30 cm

Material
- Tonkarton in A5: blau, grau
- Tonkartonreste: grün, weiß
- Je 1 Chenilledraht in Gelb und Grün, 10 cm lang
- 7 Bonbons
- 2 Wackelaugen, ø 1,5 cm
- 1 Pompon in Grau, ø 1,5 cm
- Heißkleber

Vorlagenbogen 2A

Die Bonbonmaus

(Abbildung auf Seite 11)

Fügen Sie den Kopf zusammen und kleben Sie ihn auf den Körper. Hinter den Körper kleben Sie mit Heißkleber den Chenilledraht. Wickeln Sie dessen Ende um das Bonbonpapier. Drei Bonbons bringen Sie als Knöpfe auf dem Bauch an.

Achtung
Heißkleber darf nie in Kinderhände gelangen!

TIPP
Dies ist ein niedliches Geschenk zum Andenken an eine schöne Karnevalsfeier.

Drei kleine Fingerpuppen

Gespenst

Das Gespenst bekommt ein lustiges Gesicht mit Wackelaugen. Schneiden Sie die Kreise für die Finger hinein und dann kann der Spuk losgehen!

Motivgröße
8,5 cm x 12 cm

Material
- ✄ Tonkarton in A5: weiß
- ✄ 2 Wackelaugen, 1 cm
- ✄ Filzstift: schwarz, rot

Vorlagenbogen 1A

Teufel

Kleben Sie die Hörner hinter den Kopf und gestalten Sie das Gesicht. Bringen Sie den Kopf auf dem Körper an. Schneiden Sie die Kreise für die Finger ein und kleben Sie die Hufe auf. Zum Schluss erhält der Teufel einen Schwanz aus Draht mit einer schwarzen Spitze.

Motivgröße
7 cm x 14 cm

Material
- ✄ Tonkarton in A5: rot
- ✄ Tonkartonreste: schwarz, weiß
- ✄ 2 Wackelaugen, ø 1 cm
- ✄ Drahtkordel in Weiß, 10 cm lang
- ✄ Filzstift: schwarz

Vorlagenbogen 1A

Clown

Kleben Sie Haare und Hut von hinten an den Kopf. Dann wird das Gesicht gestaltet. Kleben Sie auf seinen Bauch die Schleife und die Hände. Zum Schluss schneiden Sie die beiden Kreise für die Finger aus.

Motivgröße
7 cm x 13 cm

Material
- Tonkarton in A5: blau mit Punkten
- Tonkartonreste: beige, gelb, rot, grün, hellblau
- 2 Wackelaugen, ø 1 cm
- Filzstift: schwarz

Vorlagenbogen 1A

TIPP

Mit diesen drei Puppen können Sie ein kleines Theaterstück aufführen. Dafür benötigen Sie ein Tuch als Theatervorhang, das Sie aufspannen. Auf der Rückseite sitzen die Vorführer. Die Hände sieht man vor dem Tuch, während der Spieler dahinter versteckt ist. Jetzt wird sich eine kleine Geschichte ausgedacht und gespielt. Zum Beispiel stellt sich jede Figur dem Publikum vor und macht kleine Späße, dann gehen sie zusammen Karneval feiern.

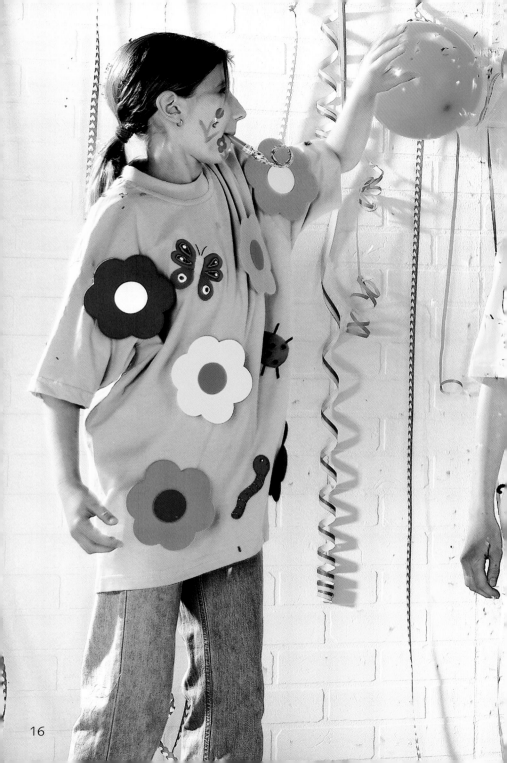

Schnelle Kinderkostüme

(Beschreibung auf Seite 18)

Schnelle Kinderkostüme

(Abbildung auf Seite 16/17)

Blumenwiese

Motivgröße
ø 14 cm (Blume)

Material
- T-Shirt in Hellgrün
- Moosgummi in A4: gelb, oran
  rot, lila, blau, pink
- Moosgummireste: weiß, grün
- Stoffmalstifte: gelb, grün, dur
  rot, schwarz, lila, blau
- Fun Liner: gelb, blau
- Textilglitter: blau, rot
- Heißkleber

Vorlagenbogen 1B + 2A

Kleben Sie auf jede Blume einen kleinen Kreis, dann befestigen Sie die Blumen mit Heißkleber auf dem T-Shirt. Den Marienkäfer, die Raupe und den Schmetterling malen Sie mit Stoffmalfarbe auf.

Motivgröße
11,5 cm x 16 cm (Fisch)

Material
- T-Shirt in Hellblau
- Moosgummi in A4: gelb, rot, lila, grün
- Stoffmalstifte: grün, rosa, blau, rot
- Fun Liner: grün, blau, rosa, gelb
- 4 Wackelaugen, ø 1 cm
- Föhn
- Heißkleber

Vorlagenbogen 1B + 2A

Aquarium
Zuerst schneiden Sie die Fische aus und bemalen sie mit Stoffmalfarbe. Dann bekommt jeder Fisch ein Wackelauge. Dann können sie mit Heißkleber angebracht werden. Die anderen Motive malen Sie mit Stoffmalfarbe direkt auf das T-Shirt und verzieren sie gemäß der Herstellerhinweise mit dem Fun Liner.

Maus

Schneiden Sie die
Mäuse aus und kleben Sie die
Ohren von beiden Seiten auf den
Kopf. Nun befestigen Sie von hinten
die Pfeifenputzer. Die Mäuse erhalten
einen Pompon als Nase und ein kleines
Wackelauge. Dann werden sie mit Heißkleber
auf das T-Shirt geklebt. Die Käselöcher malen Sie mit
einem Stoffmalstift nach Belieben auf das T-Shirt.

Tipps

- 𝔙 Legen Sie vor dem Aufkleben der
  Motive Pappe in das T-Shirt, damit
  die Rückseite nicht anklebt.
- 𝔙 Zum Reinigen nur von Hand
  waschen.
- 𝔙 Die Kinder können Sie gut mit
  Wasserfarben passend zu den
  Kostümen schminken

Motivgröße

21 cm x 21 cm

Material

- 𝔙 Tonkarton in A5: gelb,
  grün
- 𝔙 Krepppapier, 12 cm x
  40 cm: blau, rot
- 𝔙 Pfeifenputzer: 2 x gelb,
  2 x blau, je ca. 30 cm lang
- 𝔙 2 runde Bierdeckel
- 𝔙 Filzstift in Schwarz

Motivgröße

20 cm x 8 cm (Maus)

Material

- 𝔙 T-Shirt in Gelb
- 𝔙 Moosgummi in A3: grau
- 𝔙 Moosgummireste: rosa
- 𝔙 3 Pompons in Schwarz,
  ø 1 cm
- 𝔙 3 Wackelaugen, ø 1 cm
- 𝔙 3 Pfeifenputzer in Schwarz,
  je 12 cm lang
- 𝔙 Stoffmalstift: schwarz
- 𝔙 Heißkleber

Vorlagenbogen 1B

Karnevalsorden

(Abbildung auf Seite 20)

Kleben Sie das Krepppapier auf den
Bierdeckel, indem Sie es während
des Anbringens rund legen. Nun kleben Sie die Pfeifenputzer von hinten
auf. Dann werden die beschrifteten
Kreise auf den Bierdeckel geklebt.
Legen Sie während des Trocknens
ein Buch zur Beschwerung auf den
Orden.

TIPP

- 𝔙 Bei einer Faschingsfete können
  Sie einen Kostümwettbewerb
  machen und vom 1. bis 3. Platz
  Orden für das schönste Kostüm
  verleihen.

Karnevalsorden

(Beschreibung auf Seite 19)

Karnevals Orden

Orden für das schönste Kostüm

Bilderrahmen

Schneiden Sie das Passepartout aus und kleben Sie das Foto dahinter. Der Clownkopf wird gestaltet und aufgeklebt. Dann können die Hände angebracht werden. Hinten befestigen Sie den Bildaufsteller.

Motivgröße
15 cm x 25 cm

Material
- 3D-Colorwellpappe in A4: blau
- Tonkartonreste: beige, gelb, rot, grün
- Filzstift: schwarz
- 2 Wackelaugen, ø 1 cm
- Foto

Vorlagenbogen 2A

Lustige Girlande

(Beschreibung auf Seite 24)

Lustige Girlande

(Abbildung auf Seite 22/23)

Den Indianerkopf, den Polizistenkopf und den Hexenkopf kleben Sie auf die Kleidung. Bei dem Piraten, der Prinzessin und dem Zauberer werden zuerst der Kragen bzw. der Bart aufgeklebt und dann der Kopf ergänzt.
Der Zauberer hat einen lustigen Bart und einen Hut, die Prinzessin bekommt ihre Krone und der Indianer seinen Kopfschmuck. Der Pirat hat ein Kopftuch und der Polizist eine Kappe. Beim Marsmännchen kleben Sie den Schlauch auf und fügen dann das Fenster an, dahinter bringen Sie den grünen Kopf an und befestigen die Antennen, die aus Draht bestehen, der um einen Stift gewickelt wurde. Bei der Hexe schneiden Sie die Haare ein und schieben den Kopf durch. Jeder Körper wird mit kleinen Details geschmückt und die Gesichter werden aufgemalt und mit Wackelaugen versehen. Alle Figuren erhalten aus Chenilledraht Arme und Beine. Diese kleben Sie hinter die Kleidung und biegen an den Beinen kleine Füße. Die Hände biegen Sie so, dass sich die Figuren anfassen. Jedes Männchen der Girlande wird aufgefädelt und an eine Paketschnur gehängt. Die Hexe und der Polizist werden an die Füße zweier Figuren gehängt.

Motivgröße
60 cm x 37 cm

Material für gesamte Girlande
- Tonkarton in A4: gelb, blau, grün, beig
- Tonkarton in A5: weiß, rot
- Tonkartonreste: gold, rosa, schwarz, orange, hellblau
- Chenilledraht: schwarz, rot, grün, blau, rosa, gelb, weiß, je ca. 30 cm lang
- 11 ovale Wackelaugen, ca. 5 mm
- Filzstift: schwarz, rosa, grün, orange, r
- Draht in Blau, ø 0,5 cm, ca. 5 cm lang
- Nadel und Faden in Weiß
- Paketschnur, ca. 60 cm lang
- Motivlocher „Kleiner Stern"

Vorlagenbogen 2B

Clownskerze

Kleben Sie ein Teelicht in die Rolle. Nun bekleben Sie die Rolle mit dem Ton-karton. Schneiden Sie zwei rote und einen gelben Streifen (je 9,5 cm breit und 15 cm lang) Krepppapier zu und umkleben Sie damit die Rolle gemäß der Abbildung nur am oberen Rand.
Schneiden Sie das Gesicht frei und schneiden Sie Stufen für den Pony in das Krepppapier. Das restliche Krepppapier schneiden Sie in Streifen ein, so-dass Haare entstehen. Dann die Streifen um die Schere rollen, dass die Haare abstehen, und die Haare stufig schneiden.
Jetzt kleben Sie auf das Gesicht den bemalten Mund, die Augen und den Pompon.

Motivgröße
4,5 cm x 9,5 cm

Material
- Toilettenpapier-Rolle
- Tonkarton in A5: beige
- Tonkartonrest: weiß
- Krepppapierreste: rot, gelb
- 1 Pompon in Rot, ø 3 cm
- 2 Wackelaugen, 1,5 cm
- Filzstift: schwarz
- 1 Teelicht

Vorlagenbogen 3A

Lustiger Clown

Motivgröße
33 cm x 41 cm

Material
- Tonkarton in A4: hellgrün, beige, hellblau, flieder
- Tonkarton in A5: gelb
- Tonkartonreste: dunkelgrün, rot, lila, weiß, orange
- Paketschnur, 50 cm lang
- Filzstift: schwarz, rot, hellblau
- Lackstift: weiß

Vorlagenbogen 3B

Kleben Sie die Haare hinter den Kopf und darauf den zusammengesetzten Hut. Hinter die Hose kleben Sie den Pullover, an beiden Ärmeln fügen Sie die Hände mit den Ärmelrändern an. Jetzt kleben Sie den Kopf auf den Körper. Die Hose erhält ein hinteres Hosenbein mit einem Bein und hinter das vordere Hosenbein kleben Sie ein weiteres Bein. Nun fügen Sie den Hosenrand von hinten dazu. Jetzt erhält der Clown seine Schuhe mit weißen Lichtpunkten. Dann können Sie das Gesicht gestalten. Zum Schluss kleben Sie die kleine Tasche mit dem Herz auf.
An die ausgeschnittenen Luftballons knoten Sie je ein 10 cm langes Stück Paketschnur.

Kappe

Nehmen Sie einen 2 cm breiten und ca. 60 cm langen (je nach Kopfumfang, bitte ausmessen) Streifen aus Tonkarton. Passen Sie diesen dem Kopfumfang an und kleben Sie ihn zusammen. Fertigen Sie die beiden Kappenteile an. Dafür orientieren Sie sich bitte an der Vorlage. Kleben Sie auf das große, blaue Teil das hellblaue und vorne die beiden Spitzen auf. Nun ergänzen Sie den Fächerstreifen und das hintere Dreieck. Zum Schluss kleben Sie die beiden unteren Ränder auf. Befestigen Sie den Bommel an beiden Seiten. Die beiden Kappenteile kleben Sie nun von zwei Seiten an das Kopfband.

Motivgröße
26 cm x 16 cm

Material
- Tonkarton, 50 cm x 70 cm: dunkelblau
- Tonkarton in A3: hellblau, eisblau
- Tonkarton in A4: türkis, blau

Vorlagenbogen 2B

Maske

Schneiden Sie mit dem Cutter die Augenlöcher in die Maske. Nun verzieren Sie die Augen mit den rosa und lilafarbenen Augenbrauen. Fügen Sie nun das gelbe Motivteil in die Maskenmitte und ergänzen Sie die oberen und unteren Ränder. Jetzt wird die Maske mit den Pailletten geschmückt. Setzen Sie mit dem Glitzerstift die Linien und Punkte auf die Maske. Zum Schluss kleben Sie die Federn an, ziehen das Hutgummi in die Löcher und verknoten es vorne.

Motivgröße
24 cm x 9 cm

Material
- Tonkarton in A4: hellblau
- Naturpapierreste: pink, lila flieder, rosa, gelb
- 21 Pailletten in Lilatönen
- Federn: 2 x rosa, 1 x lila, 3 x pink
- Glitzerstift in Pink
- Hutgummi, Länge je nach Kopfumfang
- Cutter mit Schneideunterlage

Vorlagenbogen 2A

Funkenmariechen

Gestalten Sie den Kopf und setzen Sie dem Funkenmariechen den Hut auf. Den Pullover kleben Sie an den Hals und verzieren ihn mit den Goldborten und Knöpfen. Die Hände werden dann angebracht. Kleben Sie den Rock hinter den Pullover und die Beine hinter den Rock. Nun können Sie den Saum von hinten ergänzen. Zum Schluss kleben Sie die Stiefel auf und bemalen das Motiv.

Motivgröße
26 cm x 35 cm

Material
- Tonkarton in A4: rot
- Tonkarton in A5: weiß, grau
- Tonkartonreste: gold, schwarz
- Filzstift: hellblau, rot, schwarz

Vorlagenbogen 3A

Clown-Mobile

(Abbildung auf Seite 32)

Motivgröße
21 cm x 30 cm

Material
- Tonkarton in A5: beige
- Tonkartonreste: weiß, hellblau
- Krepppierreste: rot, grün, blau, orange, lila, gelb
- 1 Pompon in Rot, ø 3 cm
- Chenilledraht in Hell- und Dunkelgrün, je 4 x 8 cm lang, 1 x 5 cm lang
- Nadel und Perlonfaden
- Filzstift: schwarz
- Heißkleber

Vorlagenbogen 3A

Knüllen Sie kleine Kugeln aus Krepppapier und kleben Sie sie auf den Hut. Den Chenilledraht kleben Sie mit Heißkleber von hinten auf den Kopf. Gestalten Sie das Gesicht. Für die Schleife umwickeln Sie das gelbe Krepppapier in der Mitte mit einem Stück Chenilledraht. Jetzt hängen Sie die einzelnen Motivteile an einem Faden zu einem Clownsgesicht untereinander.

Clown-Mobile

(Beschreibung auf Seite 30)